Edition Paashaas Verlag

Autorin: Raymonde Graber-Schiltz
Titel der Originalausgabe: "Als Großmutter noch klein war"
mit Bildern von: Irina Frisorger, Susanne Praunegger, Steffen Lorenz,
Raymonde Graber, Jessica und Tamara Graber
Cover designed by Michael Frädrich
Printed: BoD, Norderstedt
Neuauflage 5/2015
© Edition Paashaas Verlag, www.verlag-epv.de
ISBN: 978-3-945725-22-1

*Ich widme dieses Buch meinen wunderbaren Eltern,
in großer Liebe und Hochachtung ...*

Die Deutsche Nationalbibliothek verzeichnet diese Publikationen in der Deutschen Nationalbibliografie; detaillierte bibliografische Daten sind im Internet über http://dnb.d-nb.de abrufbar.

Auch Oma war mal klein

Liebe Kinder,

das, was ihr da als Buch in euren Händen haltet, ist etwas ganz Besonderes: ein Buch, das eine Großmutter für ihre Enkel geschrieben hat. Und die Enkel, ja, das seid ihr. Eben kleine Kinder, die neugierig sind und erfahren möchten, wie so eine Großmutter früher gelebt hat. Und sie hat ganz anders gelebt als ihr heute, wie ihr bald anhand dieser Geschichte hören werdet.
Damals war zwar eigentlich fast alles ebenso wie heute, nur mit dem ganz kleinen Unterschied, dass ... Denkt mal nach, was genau früher so anders war als heute. Früher, als die Großmutter so alt war wie ihr jetzt. Damals gab es weniger Autos, weniger Straßen, weniger Fernsehsender, weniger ...
Eine ganze Menge Dinge gab es damals weniger. Aber dafür gab es andere Dinge, die aus heutiger Sicht so altmodisch erscheinen,

dass man dazu neigt, sie so schnell wie möglich zu vergessen. Tausend Kleinigkeiten. Worum genau könnte es sich dabei handeln? Was genau könnte das gewesen sein? Wenn ihr das wissen wollt, dann hört am besten weiterhin gut zu, weil ich mit euch Kindern in einer Welt versinken möchte, in der ihr nicht aufhören werdet zu staunen. Eine Welt nämlich, die schöner als ein Traum sein kann. Kinder sind nun einmal voller Wünsche und lieben rätselhafte Dinge im Leben. Dinge, die sich irgendwann erfüllen sollen.

Welches Mädchen möchte nicht einmal eine schöne Prinzessin sein, welcher Bub nicht einmal ein reicher König oder vielleicht ein Autorennfahrer wie ...?

All das hat auch die Großmutter erlebt, die mitsamt ihren tausend Träumen alt und grau geworden ist und jetzt dieses Buch geschrieben hat. Eben darum, weil eine Großmutter wie eine Wundertüte ist,

vollgepackt mit tollen Erinnerungen von damals, als sie war wie ihr ...
Und nun hört gut zu und erfahrt mehr darüber. Ja, liebe Kinder, es war einmal ein kleines Mädchen wie ihr und ...

Wollt ihr überhaupt wissen, wie eure Großmutter als Kind gelebt hat?

Als Oma noch klein war ...

Ja, auch Großmama war einmal ein kleines Mädchen. Sie hatte große blaue Augen und wunderschöne gekrauste, hellblonde Haare.
Ihre Eltern hatten ein ganz gemütliches Haus auf dem Land, das von einem großen gepflegten Garten und einer dahinter liegenden Wiese umgeben war.

Die kleine Vreni hatte eine große Schwester namens Greta. Ihre Haare waren im Gegensatz zu denen ihrer Schwester vollkommen glatt. Die zwei Mädchen verstanden sich wunderbar. Von der großen Schwester konnte Vreni viel lernen, das war ein großer Vorteil. Sie spielten oft lustige Spiele miteinander, sodass ihnen nie langweilig wurde.

Es war mitten in der Nacht, als der Vater seine beiden Mädchen weckte. Er nahm Vreni auf den Arm und flüsterte ihr zu, dass er sie zu ihrer Tante bringen würde. Vreni schlang beide Arme um den Hals ihres Vaters und schmiegte sich liebevoll an ihn. Sie fühlte sich schrecklich müde. Sie sah die Sterne, die am Himmel funkelten, und den Mond, der die finstere Straße ein wenig erhellte. Greta ging neben ihnen her. Vater erklärte ihnen, dass er mit der Mutter ins Spital fahren müsse, weil es jetzt so weit sei mit dem Baby, das ihre Mama erwarte.

Bei der Tante brannte bereits Licht, als die drei bei ihr ankamen. Auch ein Bett für die Kinder hatte sie in der Zwischenzeit hergerichtet. Am nächsten Tag kam der Vater zurück und verkündete freudestrahlend: „Es ist ein Bub, Kinder, ihr habt ein kleines Brüderchen bekommen, und Mama geht es gut!"

Er war glücklich, dass alles gut gegangen war, und auch die beiden Mädchen tanzten vor Freude. Der Vater hatte die nächsten Tage natürlich frei. Da konnte man ihn in der Küche kochen sehen. Für Vreni war es vollkommen neu, dass ihr Vater am Herd stand und das Essen zubereitete. Es gab Bratkartoffeln, Rühreier und Salat. Alles schmeckte ausgezeichnet, und Vreni hat es nie mehr vergessen.

Einmal sagte der Vater: „Wir müssen noch einen Namen für euren Bruder aussuchen. Wer hat einen Vorschlag?"

Es war lustig, wie sie alle drei alle möglichen Namen durcheinanderriefen. Aber es war gar nicht so einfach, einen passenden Namen zu finden. Entweder gefiel dem Vater der Name nicht, den die Mädchen ausgesucht hatten, oder diese kicherten über die Vorschläge ihres Papas.

Plötzlich sagte der Vater: „Timi – wie findet ihr den Namen?"

„Ja, ja!", riefen da die beiden Mädchen begeistert, „das ist ein schöner Name."

Und dabei blieb es dann auch. Am anderen Tag durften die beiden ins Spital mitfahren.

Sie gaben ihrer Mama einen dicken Kuss. Der Vater hatte im Garten ein paar Rosen abgeschnitten und stellte sie nun in einer Vase auf den Tisch, der neben Mutters Bett stand. Sie sah müde aus, aber ihre Augen strahlten. Vreni traute sich fast nicht zu atmen, denn alle hatten gesagt, dass sie brav sein müsse. Sie saß auf einem Stuhl und staunte: Ihr Bruder war ausnehmend hübsch. Er hatte schwarze Haare, ein kleines Näschen und kleine Händchen – er war schlicht und einfach ein schönes Baby.

Die Zeit verging schnell, und bald schon konnte der kleine Timi sitzen. Vreni baute ihm einen Turm aus Bauklötzen, den er auf der Stelle wieder umstieß. Er lachte aus ganzem Herzen, wenn die Klötze umherflogen. Vreni spielte gerne mit Timi und wurde nicht müde, die Klötze immer wieder für ihn aufzurichten. Timi wuchs natürlich weiter, und bald konnte er alleine Türme bauen.

Des Abends mussten alle Kinder aufräumen. Manchmal murrten sie ein wenig, aber das half alles nichts. Ihre Mutter war da streng, denn jeden Morgen, bevor die Kinder aufstanden, wischte sie den Boden blitzblank. Sie hatte jeden Tag wirklich sehr viel zu tun. Das Gemüse holte sie aus dem eigenen Garten. Dann duftete es nach frischem Lauch. Der wurde fein geschnitten für die Gemüsesuppe, die die Mutter kochen wollte.

Sie bereitete das Essen vor, während die Kinder ihre Milch tranken. Sie musste ihre Augen überall haben, was bei drei Kindern gar nicht so einfach war. Zum Glück hatten sie ein gemeinsames Spielzimmer; dadurch war es für die Mutter ein wenig einfacher, alle drei zu überwachen und gleichzeitig ihre Arbeit zu erledigen.

Nicht einmal eine kleine Pause war ihr in der Regel erlaubt. Aber Mutter wurde nie müde, das glaubte Vreni jedenfalls.

„Das Essen ist fertig!", rief die Mutter, und damit auch alle es hörten, schlug sie ein paar

Mal auf den Gong, der im Flur angebracht war.

Timi, das jüngste Kind, war als Erster auf seinem Platz, einem hohen Holzstuhl. Dann kamen die zwei Mädchen, Greta und Vreni, gesprungen.

„Habt ihr euch die Hände gewaschen?", fragte die Mutter. Die drei zeigten eifrig ihre kleinen Hände. Ihre Mutter war zufrieden und stellte die dampfenden Schüsseln mit dem Essen auf den Tisch.

„So, Kinder, zuerst sprechen wir das Tischgebet."

Alle fassten sich an den Händen und beteten: „Komm, Herr Jesu, sei unser Gast und segne, was du uns bescheret hast. Amen."

Dann schöpfte die Mutter jedem Kind eine Kelle voll Gemüsesuppe in den Teller. Die Kinder liebten diese köstliche Suppe. Die Mädchen hatten auch schon mal bei ihrer Zubereitung geholfen.

Der Vater kam nicht zum Essen, er musste arbeiten. Dafür war der Großvater zu Besuch, worüber sich die Kinder ganz besonders freuten. Außer der Suppe gab es noch feine Rösti, Bratwurst und Salat, frisch aus dem eigenen Garten. Vreni und Timi teilten sich eine Bratwurst, denn sie konnten noch nicht so viel essen, sie waren ja noch klein.

Greta sagte: „Gut, dass es keinen Spinat gibt, den mag ich nicht."

Großvater schaute Greta an, hob den Zeigefinger und sprach: „So etwas darf man nicht sagen. Spinat ist sehr gesund. Außerdem möchte ich euch noch sagen, dass jeden Tag sehr viele Kinder sterben, weil sie gar nichts zu essen haben. Versteht ihr das?"

Am Tisch war es ganz still geworden.

Timi meinte, man könnte den armen Kindern doch einen Topf Gemüsesuppe schicken.

Großvater schüttelte den Kopf.

„Wenn das so einfach wäre ...“, erwiderte er traurig. „Die Menschen versuchen ja zu helfen, aber die armen Leute wohnen sehr weit weg. Es gibt viele Menschen, die helfen wollen, aber die brauchen sehr viel Geld, damit sie den armen Kindern auch nur das Nötigste bringen können.“

Die drei Kinder saßen ganz still da. Das hatten sie wirklich nicht gewusst.

Die Mutter hatte dem Großvater in der Zwischenzeit einen Kaffee hingestellt und begann nun, das Geschirr abzuräumen. Greta half ihr dabei, so gut sie konnte. Alles wurde abgewaschen, und bereits nach kurzer Zeit war alles wieder blitzsauber und ordentlich aufgeräumt. Greta ging auf ihr Zimmer, denn dort konnte sie in aller Ruhe ihre Hausaufgaben erledigen.

Großvater fragte Timi und Vreni: „Na, ihr zwei, wollt ihr mit mir in den Wald gehen?

Ich will noch ein wenig Holz holen, damit wir ordentlich einheizen können.“
Begeistert klatschten die beiden in die Hände. Nachdem ihre Mutter sie warm angezogen hatte, zogen sie mit Opa ab. Endlich konnte sich ihre Mutter einmal ein wenig ausruhen. Sie hatte den ganzen Morgen gearbeitet. So ein Haushalt war schließlich keine leichte Sache. Sie musste auch noch zum Einkaufen gehen, denn der Vorratsschrank war schon beinahe wieder leer. Am Abend hatten alle miteinander wieder großen Hunger. Zum Glück wuchsen an den Bäumen auf der eigenen Wiese zahlreiche Früchte. Je nach Jahreszeit gab es süße Kirschen, Pflaumen, Mirabellen, Birnen, Äpfel und saftige Zwetschgen. Die Kinder liebten die Früchte über alles. Auch die Tiere, die auf der großen Wiese lebten, waren den Kindern sehr ans Herz gewachsen.

Die Schafe waren nicht immer einfach zu pflegen. Einmal kam ein Junges zur Welt, dem das Mutterschaf keine Milch zu trinken geben wollte. Das Kleine wäre gestorben, wenn der Vater es nicht in die warme Stube gebracht hätte. Dort lag es in einem Korb, der gut mit Heu ausgepolstert war. Die Kinder gaben dem kleinen Lamm mithilfe einer Baby-Flasche Milch zu trinken.

Das Lamm hatte das gern, und anscheinend bekam ihm die Milch, denn plötzlich stand es auf und tappte ganz unsicher in der Stube umher. Die vielen Streicheleinheiten, die ihm die Geschwister zuteilwerden ließen, taten ihm sichtlich gut. Aber jetzt musste es wieder in den Stall, wo es sich ausschlafen konnte. Denn dass man in der Stube sein „Geschäft" nicht erledigen darf, das lernt so ein Lämmlein leider nicht.

Kinder, die in der Stadt leben, haben anders als die Dorfkinder nicht die Möglichkeit, solche Dinge zu erleben. Das ist sehr schade.

In der Hühnerschar befand sich ein vollkommen weißes Huhn, das ganz zahm war.

Wenn der Vater von der Arbeit nach Hause kam, stand es bereits wartend an der Hintertür. Der Vater öffnete die Tür und gab dem Huhn ein Stückchen Brot, das es ihm aus der Hand fraß. Danach wartete es, bis der Vater gegessen hatte und mit der Sense zurückkam, um Gras zu mähen für die hungrigen Kaninchen. Das Huhn watschelte wie ein kleiner Hund hinter ihm her. Natürlich bekam es dann noch ein weiteres Stück Brot. Anschließend ging es ins Hühnerhäuschen zurück und setzte sich auf die Holzstange zu den anderen Hühnern, um dort zu schlafen.

Die Gänse waren auch schon eingesperrt. Ihre langen Hälse steckten sie zum Schlafen unter einen ihrer Flügel.

Die Gänse waren beizeiten sehr frech. Vreni konnte ein Lied davon singen. Einmal rannte der Enterich ihr nach und kniff sie ins Bein. Vreni schrie wie am Spieß vor Angst und

Schrecken. Danach hatte sie einen großen blauen Fleck am Bein. Der tat schon sehr weh!

Hinter dem Haus floss ein Bach durch die Wiese. Dort konnten alle Tiere so viel Wasser trinken, wie sie wollten. Der Vater hatte ein großes, dickes Brett über den Bach gelegt, das aussah wie eine kleine Brücke.

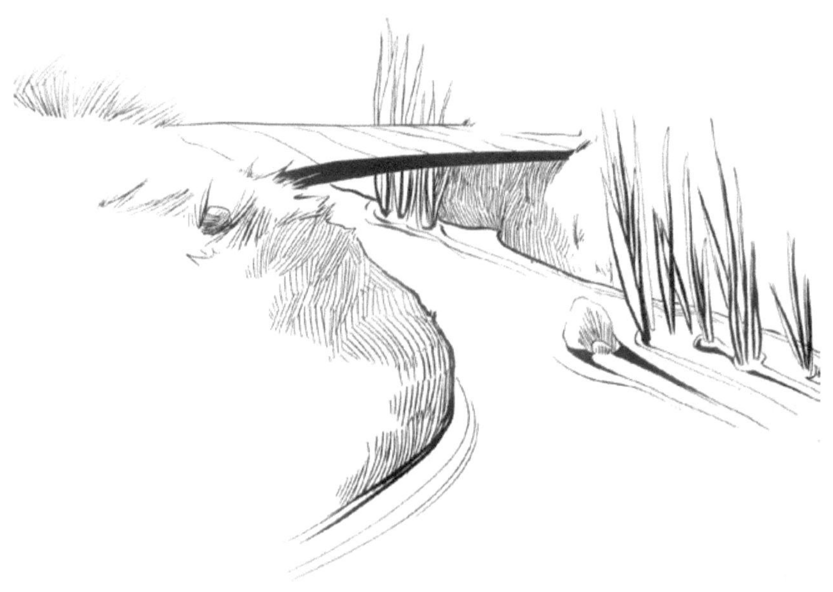

Aber die Kinder hatten manchmal Flausen im Kopf: Sie nahmen Anlauf und sprangen um die Wette über das Bachbett.

Einmal misslang Vreni ein solcher Sprung gründlich. Sie sprang zu kurz und landete im Bach. Zum Glück war Greta da. Sie reichte Vreni die Hand und zog sie aus dem Wasser heraus. Vreni weinte fürchterlich, denn sie hatte eine Menge Wasser geschluckt. Sie hustete und spuckte alles aus. Sie wusste, sie hätte ertrinken können wegen ihres Leichtsinns.

Da stand sie nun, von oben bis unten pitschnass. Ihre Mutter schimpfte zwar ein wenig, war aber eigentlich erleichtert, dass nichts Schlimmeres passiert war. Sie gab Vreni, die noch immer ganz verstört war, frische Kleider.

Es ist schon wahr, dass Kinder beim Spielen viel zu wenig an mögliche Gefahren denken. Die Enkelin der Nachbarn, die Doris hieß, kam manchmal zum Spielen herüber. Sie hatte jedoch nur Unsinn im Kopf. Jedes Mal, wenn sie da war, gab es Streit.

Einmal lutschte Vreni gerade an einem Bonbon, als Doris kam und rief: „Was hast du denn da im Mund? Zeig mal!"

Und, schwups, nahm sie Vreni mit ihren Fingern das Bonbon einfach aus dem Mund und aß es selbst auf! Dann lachte sie und verschwand.

Greta liebte es zu schaukeln. An einem dicken Ast des großen Kirschbaums hatte der Vater mit Seilen eine Schaukel befestigt. Wenn man darauf schaukelte, hatte man beinahe das Gefühl zu fliegen. Es war einfach herrlich! Wenn man langsam hin- und herschaukelte, konnte man wunderbar vor sich hinträumen.

Eines Tages aber verging Greta das Träumen so richtig. Der Schafbock, der zuvor ganz friedlich auf der Wiese gegrast hatte, stand plötzlich drohend vor ihr und warf ihr einen finsteren Blick zu. Greta sprang von der Schaukel und wollte sich hinter dem Kirschbaum verstecken. Der Bock aber jagte sie um den Baum herum.

Greta schrie um Hilfe.

Doch die Mutter bügelte gerade die Wäsche,
Vreni spielte mit ihrer Puppe und Timi schlief

noch. Deshalb konnten sie Gretas Hilferufe leider nicht hören.

Zum Glück hörte ein Nachbar ihre Schreie.

Der Mann sprang über den Haag und schlug den Bock, mit einem Knüppel bewaffnet, in die Flucht. Mit einem Gesicht so weiß wie Kreide und vollkommen außer Atem stürmte Greta in die Stube. Zunächst brachte sie keinen Ton über die Lippen. Doch dann erzählte sie, was passiert war. Da der Bock zuvor auch schon mal auf die Mutter losgegangen war, beschloss der Vater, ihn fortzubringen, bevor es noch schlimmer mit ihm würde. Die Kinder waren darüber sehr erleichtert.

Als Vreni eines Tages gerade auf dem Nachhauseweg war, sah sie, wie der starke Wind dem Nachbarn den Hut vom Kopf wehte. Jedes Mal, wenn der Mann sich danach bückte, flog der Hut ein Stückchen weiter. Das war natürlich sehr lustig, und Vreni musste laut lachen. Dass sie den Hut hätte fangen und dem alten Mann hätte geben können, daran dachte sie in dem Moment nicht. Das hatte Folgen, denn der Nachbar berichtete Vrenis Tante, wie sie sich verhalten hatte. Daraufhin erklärte die Tante Vreni, dass man einem Menschen in Not helfen müsse und ihn nicht auch noch auslachen dürfe.

Diese Lektion vergaß Vreni ihr ganzes Leben lang nicht mehr. Sie schämte sich für ihr Verhalten. Fortan fragte sie jeden, ob sie ihm nicht helfen dürfe.

Es war kurz vor dem Muttertag, als der Vater sagte: „Wollt ihr zwei Mädchen mit mir mitkommen? Wir gehen in den Wald, Maiglöckchen pflücken. Hoffentlich finden wir welche."

Das war toll, denn der Vater hatte sonst nie viel Zeit!

Sie waren schon eine ganze Weile gewandert, als sie plötzlich ganz viele der gesuchten Blumen sahen, die versteckt zwischen den Bäumen wuchsen. Die drei bückten sich, pflückten fleißig von den weißen Glöckchen und banden daraus einen wunderschönen Strauß. Es war unglaublich, wie der duftete! Wieder zu Hause, überreichten die Kinder ihrer Mama den schönen Maiglöckchen-strauß.

Die Mutter hatte eine Riesenfreude daran, sie strahlte über das ganze Gesicht. Die Mädchen waren müde, aber gleichzeitig auch richtig stolz, dass sie ihrer Mama eine so große Freude bereitet hatten. Schließlich war das ja leider nicht immer so.

Als die beiden Schwestern einmal wie so oft mit Timi im Kinderwagen eine Spazierfahrt unternahmen, kamen sie auf die Idee, dem Kinderwagen einen Stoß zu geben. Der rollte daraufhin ziemlich schnell die Straße hinunter. Die Mädchen sprangen ihm hinterher und drehten um, um diesen Spaß noch einmal zu wiederholen. Diesmal setzte sich Vreni auf die breiten Schutzbleche, und los ging's! Timi jauchzte und lachte vor Freude.

Eine Frau aus dem Dorf hatte ihr Spiel jedoch beobachtet und erzählte alles den Eltern. Natürlich waren diese Spaziergänge von da an verboten. Was sie da gemacht hatten, war ja auch wirklich viel zu gefährlich gewesen.

Im Sommer gingen Greta und Vreni am nahen Waldrand Brombeeren pflücken. Sie hatten einen Kessel dabei, den sie mit Beeren füllen wollten, damit ihre Mutter daraus Konfitüre machen konnte. An den Sträuchern hingen viele schwarze, reife Früchte. Die, die noch rot waren, schmeckten hingegen nicht, sie waren noch nicht reif. Man musste sehr gut aufpassen, dass einen die vielen Dornen nicht vollständig zerkratzten.

Nach einer Weile legten sie eine Pause ein. Greta zog ihre Schürze aus und breitete sie auf dem Boden aus, damit sie sich daraufsetzen konnten. Schließlich krochen überall Ameisen umher, deren Stiche ganz schön brennen konnten auf der Haut.

Die Kinder tranken Wasser aus der mitgebrachten Flasche. Sie hatten Durst, denn es war ein heißer Tag. Die Grillen zirpten um die Wette. Da sahen sie im Boden ein komisches Loch. Greta meinte, es sei ein Fuchsbau.

„Ich habe noch nie einen Fuchs gesehen", rief Vreni, und schon stocherte sie mit einem Stock in dem Loch herum. Doch es kam kein Fuchs heraus, sondern ein Schwarm wilder Wespen. Vreni ergriff umgehend die Flucht, aber die Wespen flogen hinter ihr her.

Greta fuchtelte geistesgegenwärtig mit der Schürze herum und schaffte es so, die Wespen zu vertreiben. Vreni war dermaßen außer Atem, dass sie sich erst einmal hinsetzen musste. Sie hätte an dem Tag ohne Zweifel die Goldmedaille im 100-Meter-Lauf gewonnen. Gott sei Dank war alles noch mal gut gegangen!

Jeden Abend gingen die Mädchen mit einem Kessel zum Bauernhof, um Milch zu holen. Der Bauernhof gehörte ihrem Onkel. Dort konnten sie mit ihren Cousinen spielen, und von der Großmutter gab es immer ein Stück Kuchen oder selbst gebackenes Brot.
In der Küche roch es jedenfalls immer verführerisch.
Auf dem Hof gab es aber auch immer sehr viel Arbeit. Die Felder mussten alle noch von Hand mit einer Sense gemäht und die Kartoffeln von Hand gesetzt und geerntet werden. Melkmaschinen und Traktoren gab es auch noch nicht. Und doch waren alle glücklich und immer freundlich zueinander.

Natürlich bekamen die Kinder, wenn sie die Milch holten, von ihrer Tante immer ein Glas Milch geschenkt, frisch von der Kuh. Danach gingen sie mit dem vollen Milchkessel wieder nach Hause.

Greta meinte, man könne den Kessel mit der Milch im Kreis durch die Luft schwingen, ohne dass dabei ein Tropfen verschüttet würde. Sie konnte das prima.

Vreni musste es daraufhin natürlich auch probieren, aber oh Schreck, bei ihr spritzte es ganz schön! Als die beiden zu Hause ankamen, war die Milchkanne nur noch halb voll.

Ihre Mutter meinte traurig, sie wüsste bald nicht mehr, was sie ihren Kindern noch anvertrauen könne. Aber sie liebte ihre Kinder sehr, trotz allem.

Eines Abends kam Vrenis Pate zu Besuch. Die Mutter stellte ihm ein feines Nachtessen auf den Tisch. Vreni schleppte eine kleine Bank herbei und stieg darauf, denn sie wollte auch ein wenig davon naschen. Die Gabel hatte sie auch schon parat. Aber das Unglück nahte: Das Bänklein, auf dem sie hin und her trippelte, kippte. Während sie zu Boden fiel, bohrte sich Vreni die Gabel durch die Lippe. Es tat fürchterlich weh, und die Wunde blutete stark. Vreni wurde sogar ohnmächtig.

Später bekam sie von ihrem Onkel zum Trost eine schöne, große Puppe geschenkt. Da konnte sie wieder lachen. Sie hatte außerdem gelernt, besser aufzupassen.

Auf der Wiese gab es Erdhaufen, die dadurch entstanden, dass die Maulwürfe unterirdisch nach Ungeziefer wühlten. Sie machten dabei richtige kleine Tunnel. Natürlich wollte Vreni unbedingt einmal einen solchen Maulwurf sehen. Also bezog sie vor einem der Haufen Stellung. Zuvor hatte sie Greta gefragt, ob Maulwürfe eigentlich beißen würden. Greta hatte das verneint, sie hatte gesagt, sie hätte das in einem Buch gelesen. Plötzlich bewegte sich der Erdhaufen, worauf Vreni beherzt hineingriff und sogleich einen kleinen Maulwurf in Händen hielt. Der war so putzig mit seinen kleinen runden Augen, konnte aber im hellen Tageslicht gar nichts sehen. Nachdem Vreni das Tier allen im Haus gezeigt hatte, musste sie es ganz schnell

wieder zurückbringen. Der kleine Maulwurf
verschwand, so schnell er nur konnte, wieder
in seinem Loch.

Es war schon komisch: Vor Spinnen hatte Vreni große Angst. Wenn sich so ein achtbeiniges Tierchen in das Schlafzimmer verirrte, das sie sich mit Greta teilte, schrie sie jedes Mal vor Entsetzen laut auf. Timi schlief zu der Zeit noch in einem kleinen Bettchen, das im großen Elternschlafzimmer stand.

Es kam der Tag, an dem auch für Vreni die Schule anfing. Das ABC hatte sie bereits von Greta gelernt, denn sie war sehr wissbegierig. In der Schule musste sie auch lernen, den Mund zu halten, wenn man nicht gefragt war, weil man sonst von der Lehrerin bestraft wurde. Zeichnen war Vrenis Lieblingsfach, sie konnte stundenlang die fantasievollsten Bilder malen. Sie bekam in dem Fach auch immer sehr gute Noten. Ihre schönsten Bilder wurden an die Wand gehängt, was sie sehr stolz machte.

Jessica
TAMARA

Einmal studierten die Kinder mit ihrer Lehrerin ein Theaterstück ein. Der Titel lautete: „Armes, reiches Mädchen“.

Das „Mädchen“ wurde von Vreni gespielt. Ihre beste Freundin bekam die Rolle des „Engels“. Marie-Louise sah wunderschön aus in dem langen weißen Kleid, an dem hinten sogar Flügel befestigt waren.

Vreni hatte die Aufgabe, allen armen Kindern etwas zu schenken. Die ganze Klasse spielte mit. Sie verschenkte ihre Kappe, ihre Handschuhe, ja sogar ihren Mantel, damit es alle warm hatten. Da kam der Engel und lobte sie, weil sie so ein gutes Kind war.

Vreni musste daraufhin zuerst erschrocken dreinschauen und dann weinen. Der Engel tröstete sie. Das Stück dauerte über eine Stunde. Für Vreni war das alles sehr ergreifend. Als das Stück beendet war, klatschten alle Zuschauer Beifall und sagten, sie hätten gut gespielt.

Ein halbes Jahr später war Vrenis beste Freundin Marie-Louise tot. In der Nacht war in ihrem Haus Gas ausgeströmt, und als am Morgen gegen jede Gewohnheit alle Fensterläden geschlossen blieben, stieg Vrenis Onkel auf einer Leiter nach oben und schlug ein Fenster ein. Sofort kam ihm der typische Gasgeruch entgegen. Er riss alle Fenster auf und schrie, dass jemand den Notfalldienst alarmieren solle. Dann unternahm er Wiederbelebungsversuche, aber Vrenis Freundin war tot. Ihr Bruder, ihre Schwester und ihre Mutter hingegen konnten gerettet werden. Der Vater war bereits vor längerer Zeit gestorben. Es war schrecklich, einfach unfassbar.

Vrenis Traurigkeit und der Schmerz, den sie empfand, waren unermesslich. In der Schule blieb ein Platz leer, einfach leer. Jetzt war Marie-Louise ein wirklicher Engel im

Himmel, der Vreni in ihrem tiefen Leid
beschützte. Davon war sie fest überzeugt.

So waren die Ferien in jenem Jahr ganz
anders als sonst. Vreni lag oft nachdenklich
im hohen Gras der Wiese und starrte in die
Wolken. Sie hörte die Grillen zirpen, die
Vögel zwitschern und den Bach plätschern,
aber sie konnte nicht so fröhlich sein wie
früher.

Da brachte der Postbote einen Brief von Tante Susanne. Sie fragte, ob Greta und Vreni Lust hätten, in den Ferien zu ihr zu kommen. Und ob sie Lust hatten!
Timi war noch zu klein, um mitkommen zu können. Die Koffer waren schnell gepackt. Der Onkel holte sie mit seinem Auto ab. Die Aufregung war groß, denn Vreni war in den Ferien noch nie irgendwo anders als zu Hause gewesen.
Das Wetter war die ganze Zeit über schön. Die Kinder durften mit ihrer Tante Ausflüge unternehmen. Da war was los, denn die Tante hatte selbst vier Söhne, die natürlich auch jedes Mal mit von der Partie waren.
Vreni durfte außerdem lernen, auf dem Fahrrad zu fahren. Das machte ihr großen Spaß. Sie fühlte sich frei wie ein Vogel, wenn sie den Berg hinunterfuhr und ihr der Wind um die Ohren pfiff. Es war einfach toll!

Auf der Wiese neben dem Haus wuchsen weiße Champignons, die nicht nur ungiftig, sondern sogar sehr genießbar waren. Die Kinder brachten der Tante einen ganzen Korb voll Champignons, aus denen sie eine ganz feine Suppe kochte. Beim Pilze sammeln passte Vreni einmal nicht ordentlich auf und berührte aus Versehen den Drahtzaun, der elektrisch geladen war, damit die Kühe nicht davonliefen. Vreni bekam einen Schlag verpasst, der sie so richtig durchschüttelte. Die anderen Kinder lachten sich krumm, aber für Vreni war es furchtbar. Es schmerzte am ganzen Körper, aber trotzdem erholte sie sich schnell wieder. Es folgten noch ein paar schöne Tage, an denen sie viel spazieren gingen.

Irgendwann waren auch diese schönen Ferien zu Ende. Die Schultaschen mussten wieder neu gepackt werden. Auch Timi durfte dieses Jahr in die Schule. Er freute sich sehr.

Einmal bekam Timi das Fahrrad des Nachbarjungen geliehen. Er konnte noch nicht wirklich gut Rad fahren und fuhr dazu noch auf der falschen Seite der Straße. So kam, was kommen musste: Ein Auto bog um die Kurve, und schon krachte es. Timi flog in hohem Bogen über das Autodach und landete ziemlich unsanft auf der Straße. Außer einem großen Schrecken und ein paar Schrammen an seinen Händen und Knien passierte ihm zum Glück jedoch nichts. Das Auto aber hatte eine große Beule, und Armins Velo war kaputt, nur noch Schrott. Zum Glück hatten die Eltern eine Versicherung.

Zu Hause im Hühnerstall waren zehn kleine flauschige, gelbe Küken geschlüpft. Die Küken piepsten um die Wette. Die Henne wurde ganz böse, wenn man zu nahe an sie herankam, da war Vorsicht geboten. Die

Kleinen benötigten viel Wärme und schlüpften unter das Gefieder der Glucke, die ihre Federn schön breit machte, damit alle darunter Platz fanden.

Die Katze namens Micky schaute ganz interessiert zu, denn die Küken hatten den Raubtierinstinkt in ihr geweckt.

Die Mutter meinte daraufhin, Micky solle sich lieber auf die Mäuse im Keller konzentrieren.

Denn die knabberten immer an den Rüben herum, die im Keller im Sand lagerten, damit sie länger frisch blieben.

Auch Kartoffeln und Äpfel wurden in dem gewölbten Keller als Vorrat für den Winter eingelagert.

Die Eltern hatten im Krieg gelernt, von fast allem einen Vorrat anzulegen, denn leider gab es in den Läden damals kaum etwas zu kaufen.

Und wenn man keine Lebensmittelmarken hatte, bekam man überhaupt nichts und musste hungrig schlafen gehen, so war das damals. Der Vater war im Krieg unschuldig in Gefangenschaft geraten. Er hatte dort sehr gelitten und viel Leid gesehen. Viele Kinder hatten im Krieg ihren Vater verloren. Zum Glück war der Krieg nun vorbei, aber in anderen Ländern leiden auch heute noch viele Kinder, weil dort immer noch Krieg herrscht. Krieg auf der Erde hat noch nie aufgehört, weil die Menschen sich nicht dauerhaft vertragen können. Es wäre so schön auf der Welt, wenn alle Menschen sich verstehen würden. Aber sie werden wohl nie aufhören zu streiten.

Die Blätter an den Bäumen begannen sich langsam zu verfärben, es wurde Herbst. Auch in der Schule zeichneten die Kinder die bunten Blätter der verschiedenen Bäume. Vorher hatten sie von jedem Baum ein Blatt gesammelt, denn jedes hatte eine andere Form. Das war sehr lehrreich. Man konnte die Blätter auch pressen, indem man sie ganz einfach einzeln in ein dickes Buch legte. Nach ein paar Tagen konnte man sie dann auf ein

Zeichenblatt kleben. Das sah einfach wunderschön aus. Die Kisten mit den Geranien stellte der Vater in den Keller, denn die Blumen durften keinen Frost abbekommen. Im Frühling wurden sie dann in frische Erde gepflanzt, damit sie wieder schön blühen konnten. Bis dahin war aber noch viel Zeit. Noch blühten die Sonnenblumen wunderbar gelb. Einige waren über zwei Meter hoch, und in der Mitte hatten sie viele Kerne für die hungrigen Vögel.

Langsam wurde es kälter, der Winter war im Anmarsch. Die Mutter holte die warmen Kleider hervor. Doch die Kinder waren übers Jahr alle gewachsen. Greta brauchte einen neuen Mantel.

Vreni bekam Gretas alte Kleider. Die Sachen waren alle fast wie neu. Außerdem kaufte die Mutter einen schönen grünen Stoff, aus dem sie für jedes der beiden Mädchen ein Kleid nähte. Darin sahen beide richtig hübsch aus, wie zwei kleine Prinzessinnen.

Timi bekam neue warme Hosen und einen neuen gestrickten Pullover. Damals trugen die Mädchen keine langen Hosen, nur die Jungen. Hosen wären viel wärmer gewesen und praktischer noch dazu. Aber das wurde erst viel später modern.

Eines Morgens, als die Kinder aufstanden, sahen sie, dass es geschneit hatte. Draußen war alles schneebedeckt. Im Schlafzimmer war es eisig kalt, an den Fenstern hatten sich Eisblumen gebildet.

Die Kinder mussten das Fenster erst anhauchen, damit sie hinausschauen konnten. Im Bett hatten sie die Kälte nicht gespürt. Die Decken waren ja auch alle aus der Wolle der eigenen Schafe gemacht.

Der Vater war früh aufgestanden und hatte sowohl im Kochherd als auch im Ofen der Stube bereits ein Feuer angezündet.

Auch die Mutter war schon fleißig am Werk. Das Frühstück stand schon bereit, als die Kinder die Treppe herunterkamen. Es war angenehm warm in der Küche. Die Kinder freuten sich über den ersten Schnee, alle waren ganz aufgeregt. Nach dem Frühstück stapften sie durch den hohen Schnee in die Schule.

Am sechsten Dezember war Nikolaustag.

Brave Kinder bekommen an diesem Tag immer Geschenke vom heiligen Nikolaus. Die Geschwister waren natürlich alle der Meinung, dass sie stets brav gewesen waren. Abends stellte jedes Kind einen Teller auf den Tisch, damit der heilige Nikolaus in der Nacht etwas darauflegen konnte. Sie breiteten sogar noch ein wenig Heu im Flur aus, damit der Esel, der all die Sachen vom Nikolaus tragen musste, auch etwas zu fressen hatte.

Am darauffolgenden Morgen war die Überraschung groß. Die Augen der Kinder glänzten vor Freude. Ihre Teller waren gefüllt mit Nüssen, Lebkuchen und Mandarinen, deren Duft sich im ganzen Zimmer ausbreitete. So viele Geschenke auf einmal hatten sie noch nie zuvor gesehen.

Vreni hatte außerdem noch neue Kleider für ihre Puppe bekommen. Die waren handgestrickt und hatten die wunderschöne Farbe von Aprikosen. Sie konnte sich nicht sattsehen an alle den feinen und schönen Sachen. Greta hatte außer den Süßigkeiten noch Schulhefte und Bücher bekommen, die sie dringend brauchte.

Timi bekam neue Schuhe geschenkt, seine alten waren ihm sowieso zu klein geworden. Sofort probierte er die neuen Schuhe an. Sie passten. Am liebsten wäre er damit sofort in den Schnee hinausgelaufen. Aber es war noch finster draußen, also rannte er vor lauter Freude in der Stube hin und her.

In der Zwischenzeit hatte die Mutter heiße Schokolade gemacht, und die Kinder hockten in der warmen Küche um den Tisch herum und frühstückten.

Der Vater war unbemerkt nach draußen gegangen und hatte vor der alten Mühle einen riesengroßen Schneemann gebaut. Die Kinder kamen aus dem Staunen gar nicht mehr heraus.

Die Lehrerin hatte angekündigt, dass der Nikolaus und der Schmutzli in seinem schwarzen Gewand persönlich bei ihnen in der Schule vorbeikämen. Deshalb gingen die drei an dem Tag mit einem gewissen Herzklopfen zur Schule. Der Nikolaus lobte die Kinder, ermahnte sie aber auch. Er hatte ein großes, dickes Buch dabei und las daraus vor. Er wusste einfach alles über die Kinder. Das war schon allerhand. Der Schmutzli war gar nicht so böse wie erwartet. Er gab jedem Kind Mandarinen und Nüsse aus seinem großen Sack aus Jute. In dieser Nacht schliefen die Kinder besonders gut und glücklich.

Die Kinder aus dem Dorf holten ihre Schlitten hervor. Im Dorf gab es einen kleinen Berg.
Dort gingen viele Kinder hin, denn man konnte hier besonders gut Schlitten fahren. Doch nicht immer kam man gut unten an;

manchmal fiel ein Kind vom Schlitten in den weichen Schnee. Auch Schneeballschlachten wurden ausgetragen. Das war zwar sehr lustig, aber da Vreni eine Brille tragen musste, spielte sie lieber nicht mit. Denn einige Brillen waren bei solchen Spielen schon zu Bruch gegangen, und das kostete die Eltern immer viel Geld.

Als Greta einmal mit dem Schlitten die glatte Dorfstraße hinunterfuhr, konnte sie nicht mehr bremsen, sodass sie in einem rasenden Tempo durch das ganze Dorf schoss und erst im flachen Nachbardorf wieder zum Stehen kam. Zum Glück war kein Auto auf der Straße, denn sonst hätte etwas Schlimmes passieren können. Damals wurde noch kein Salz gestreut, die Leute fuhren bei einem solchen Wetter mit dem Zug zur Arbeit.

Der Zug wurde noch von einer richtigen Dampflokomotive gezogen. Viele kamen in einem solchen Fall zu spät zur Arbeit oder zur Schule. Aber das war nun mal nicht zu ändern.

Dann kam Weihnachten.

Am Heiligen Abend durften die Kinder mit ihren Eltern in die Kirche gehen. Sie konnten es kaum noch erwarten. Gegen Mitternacht fingen die Glocken an zu läuten. Alle marschierten los, denn die Mette fing pünktlich um null Uhr an. In der Kirche herrschte eine festliche Stimmung. Es gab eine große, wunderschöne Krippe zu bestaunen, mit einem Jesuskind, einer Maria, einem Josef und vielen Tieren aus Holz. Alles sah richtig echt aus. Das Licht von unzähligen weißen Kerzen erhellte das Kirchenschiff.

Auch große Tannen waren um die Krippe herum aufgestellt worden, die einen angenehmen Duft verströmten.

Die Kirche war voll besetzt. Es wurden viele Weihnachtslieder gesungen. Ach, war das schön!

Als zum Schluss das Lied „Stille Nacht" gesungen wurde, war Vreni wie verzaubert. Nachher gingen alle nach Hause und schliefen friedlich ein.

Auf jeden Winter folgt der Frühling. Langsam schmolz der Schnee dahin, denn die Sonne hatte schon ordentlich Kraft. Der große Schneemann, den der Vater gebaut hatte, sackte immer mehr in sich zusammen.
Die ersten Schneeglöckchen streckten ihre Köpfe der Sonne entgegen. Auch die Narzissen und Tulpen fingen zu wachsen an. Die Sträucher und Bäume schlugen aus.
Die Natur erwachte langsam von neuem. Auch das Gras bekam wieder seine schöne grüne Farbe. Die Kinder konnten nun länger draußen an der frischen Luft spielen, aber natürlich erst, sobald sie ihre Hausaufgaben erledigt hatten. Zuerst die Arbeit, dann das Vergnügen.

Auch was die Hausarbeit anging, hatte jeder seine festen Aufgaben.

Greta schrubbte die Küche und den Flur jede Woche gründlich mit Schmierseife. Vreni staubte die Möbel ab, bis alles nur so glänzte. Timi half dem Vater dabei, die Ställe auszumisten.

Einmal fand auf dem nahe gelegenen Flughafen eine Flugschau statt. Die Kinder durften mit ihrem Vater hingehen. So etwas hatten sie noch nie zuvor gesehen. So viele Flugzeuge, die kunstvoll über den Himmel zogen und sogar etwas Farbiges in die Luft schreiben konnten. Es war einfach fantastisch!

Wieder zu Hause, wollten alle drei Kinder ihrer Mama gleichzeitig erzählen, was sie so alles erlebt hatten. Das war ein Geplapper! Die Mutter musste lachen und sagte, dass sie so kein einziges Wort verstehen würde.

Der Vater hatte den Kindern unterwegs von seinem Raben erzählt, den er gezähmt hatte, als er noch zur Schule ging. Den Vogel hatte er unter einem Baum gefunden, er war anscheinend aus dem Nest gefallen. Er hatte den Raben daraufhin so lange gepflegt, bis dieser fliegen konnte. Er hatte dem schwarzen Raben den Namen Jaaki gegeben.

Jaaki flog also hoch in die Luft, zog noch ein paar Kreise und verschwand dann im Wald.

Aber wenn die Kinder gedacht hatten, dass das das Ende der Geschichte war, hatten sie sich getäuscht. Der Vater erzählte weiter.

Wenn er von der Schule nach Hause kam, rief er, so laut er konnte, nach seinem Vogel. Kurze Zeit später erschien am Himmel ein schwarzer Punkt, und Jaaki kam zu Vater geflogen und setzte sich auf seinem Arm nieder. Natürlich gab es dann ein paar Leckerbissen für den Raben. Leider mochte der Vogel auch Früchte gerne und pickte deshalb oft an den saftigen Birnen in Nachbars Garten. So geschah etwas Furchtbares.

Der Nachbar sagte: „Wenn der Vogel weiterhin meine Birnen frisst, dreh ich ihm den Hals um.“

Und das tat er dann auch. Der Vater war noch lange traurig darüber, dass sein Vogel tot war.

Vreni hatte immer gedacht, dass es keine bösen Menschen gäbe.

„Ach Vreni, du wirst noch oft weinen und enttäuscht sein im Leben", meinte der Vater. „Aber dein Schutzengel wird dir helfen, wenn du in Not bist. Man muss ihn nur um Hilfe anrufen, und alles wird gut."

Vreni hatte Spaß am Nähen. Aus Stoffresten nähte sie Kleider für ihre Puppen. Sie wollte einmal Näherin werden. Sie stach sich zwar oft mit der Nadel in die Finger, aber das war in ihren Augen nicht so schlimm.

Greta lernte viel und war immer fleißig. Sie sagte, dass sie später einmal in einem Büro arbeiten wolle.

Timi ließ verlauten, dass er später Pilot werden würde. Aber am anderen Tag gefiel ihm der Beruf des Bäckers oder des Metzgers oder des Briefträgers. Alle fanden das lustig.

In den Sommerferien durften die Kinder in den nahen Wald gehen, um Reisig zu sammeln. Sie nahmen stets den Leiterwagen mit, damit sie das Holz darauf transportieren konnten. Die kleinen, dürren Äste waren wunderbar.
Damit konnte man das Feuer im Kochherd am Morgen viel schneller zum Lodern bringen. Die Kinder legten immer einen Vorrat an. Das freute die Mutter ganz besonders. Einen elektrischen Kochherd konnte die Familie sich leider nicht leisten.

Die Kinder sammelten das Reisig und banden es mit einer Schnur zu kleinen Bündeln zusammen. Im Wald war es angenehm kühl, aber die Kinder kamen durch das viele Bücken letztlich doch ins Schwitzen.

Plötzlich hielt oben auf der Straße ein Lastwagen an, der voll beladen war mit Getränkekisten. Der Fahrer wollte im

Schatten des Waldes eine Pause einlegen. Er rief die Kinder zu sich, denn er wollte ihnen eine Flasche Limonade schenken.

Obschon die Kinder wussten, dass sie nicht mit Fremden sprechen durften, näherten sie sich dem Mann voller Scheu. Der Fahrer bemerkte das, öffnete für jeden eine Flasche Cola und stellte sie ihnen hin. Geschwind griffen die Kinder zu und tranken schnell ihre Flaschen leer. Denn durstig waren sie durchaus. Cola hatten sie noch nie zuvor getrunken, und es schmeckte ihnen eigentlich auch nicht. Sie bedankten sich und sprangen davon. Timi bekam kurze Zeit später sogar Bauchschmerzen davon, weil er viel zu schnell getrunken hatte. Zu Hause tranken sie sonst Wasser oder Apfelsaft, wenn sie Durst hatten. Teure Limonade konnten sie sich nicht leisten.

Der Vater kam, um nachzusehen, wo seine Kinder denn so lange blieben. Er half ihnen noch, den Leiterwagen zu beladen, dann fuhren sie damit nach Hause. Sie lagerten die Reisigbündel im Stall ein, denn dort war genügend Platz.

Am Abend gab es ein ganz fürchterliches Gewitter. Es blitzte und donnerte. Es wurde richtig dunkel, und dann stürmte es und regnete in Strömen. Die Kinder saßen mit ihren Eltern in der Stube. Jedes Mal, wenn ein Blitz das Zimmer erhellte, zuckten sie zusammen. Die Mutter stellte eine gesegnete Kerze auf den Tisch und zündete sie an. Das tat sie immer bei Gewittern. Dieses Mal war es jedoch ganz besonders schlimm, denn plötzlich fing es auch noch an zu hageln. Die Mutter wollte nach oben gehen und nachsehen, ob das Dach in Ordnung war. Aber sie traute sich nicht. Zum ersten Mal hatte sie vor etwas Angst. Also ging der Vater nach oben, wo er feststellen musste, dass es ins Haus hineinregnete. Der Wind hatte die

Dachziegel angehoben, von denen ein paar zu allem Überfluss kaputt waren, und so hatten sich auf dem Dachboden einige Wasserlachen angesammelt.

Da gab es nur eines: Alle mussten helfen, das Wasser aufzuwischen. Bewaffnet mit Besen, Tüchern und Kesseln, machten sie sich gemeinsam an die Arbeit. Das Wasser sickerte bereits durch den Holzboden und tropfte auf die sauberen Betten in den darunter liegenden Schlafzimmern. Es gab also viel zu tun. In weiter Entfernung hörte man noch immer Donnergrollen.

Der Vater erzählte von einem Erlebnis, das er gehabt hatte, als er noch jung war und die Kühe von der Weide nach Hause treiben musste, während ein Gewitter im Anzug war. Da hatte der Blitz genau neben ihm eingeschlagen und ein Loch in der Wiese hinterlassen. Dem Vater hatte das für einen Moment die Luft genommen. Aber dann hatte er unter lautem Geschrei die Kühe, so schnell es ging, in den Stall getrieben. Er sagte, dass er schneller als der Blitz gewesen sei ...

Vreni bekam ein paar Tage später die Masern. Alles tat ihr weh, es ging ihr gar nicht gut. Sogar der Arzt kam ins Haus und untersuchte sie. Er gab ihr eine gute Arznei. Greta und Timi durften nicht zu Vreni ins Zimmer, denn schließlich sind die Masern sehr ansteckend. Vreni war sowieso viel zu müde, um mit ihren Geschwistern zu spielen. Sie musste sich erst ein wenig erholen, denn sie hatte sehr hohes Fieber gehabt. Mit der Zeit ging es ihr jedoch bedeutend besser.

Damals gab es noch keine Taschenrechner, keine Computerspiele, nichts dergleichen. In der Schule bekam man beigebracht, wie man eine Rechenaufgabe ohne Taschenrechner löst. Das war gar nicht so schwer und machte sogar Spaß.

In der ersten Klasse schrieben die Kinder mit einem Griffel auf eine Schiefertafel. Das kratzte erbärmlich und tat richtig weh in den Ohren. Das Schreiben auf die Tafel diente nur der Übung. Nachher wurde alles in Schönschrift in ein Heft geschrieben, genau auf die Zeile. Sonst musste man alles noch einmal schreiben.

Vreni war ein richtiger Bücherwurm, wie man so sagt. Sie las alles, was ihr in die Finger kam. Viele Märchenbücher und sogar das Buch vom braven Soldaten Schweik. Sie hatte das Buch im Schrank auf dem Estrich gefunden; es gehörte wahrscheinlich ihrem Onkel. Es war noch in der alten deutschen Schrift geschrieben, aber das war kein Problem für Vreni. Langsam identifizierte sie die einzelnen Buchstaben und las dann munter drauflos. Es war ein lustiges Buch, wenn auch nicht für Kinder gedacht. Sogar in die Bücher ihrer großen Schwester Greta steckte Vreni ihre Nase. Das Mädchen wollte einfach alles wissen.

Dann kam das Fernsehen. Der Wirt der Gaststube im Dorf kaufte den ersten

Fernseher. Die Leute aus dem Dorf gingen dorthin, um fernzusehen, und erzählten, dass es wirklich schöne Filme zu sehen gab. Auch die Geschwister durften mit ihren Eltern einmal dort hingehen. Sie kamen aus dem Staunen gar nicht mehr heraus.

Als ein Mann die Nachrichten sprach, ging Vreni nahe an das Gerät heran und fragte voller Ernst: „Wie ist der Mann denn dort hineingekommen?"

Die Leute mussten alle lachen. Es war schließlich gar nicht so einfach, das alles zu verstehen, vor allem, wenn man etwas Derartiges noch nie zuvor gesehen hatte.

Zu Hause stand ein altes Radio, das die Kinder ganz toll fanden. Wenn daraus schöne Lieder erklangen, sangen sie gerne mit. Wenn dann auch noch der Vater mit seiner wunderbar lauten Stimme in ihren Gesang mit einfiel, schallte es durch das ganze Haus.

Vreni war auch im Kirchenchor. Jede Woche ging sie zur Gesangprobe. Das waren noch Zeiten!

Einmal kletterten Greta und Vreni im Kirchturm die vielen Treppen und wackligen Leitern hinauf bis zu den Glocken. Die waren viel grösser, als Vreni sie sich vorgestellt hatte.

Die Fledermäuse hingen kopfüber im Gebälk und ließen sich nicht im Mindesten von ihnen stören. Fledermäuse sind ausgesprochen nützliche Tiere. In der Dämmerung fliegen sie herum und fressen ein Haufen Mücken. Die Aussicht vom Turm war einmalig schön.

Doch als die schweren Glocken läuteten, mussten sich die zwei Mädchen die Ohren mit den Händen zuhalten. Sie schafften es zum Glück, unbeschadet wieder nach unten zu kommen. Beim Abendessen erfuhr die Mutter, wo die Mädchen gewesen waren, denn sie hatte sie überall gesucht.

Sie mussten ihr versprechen, von nun an immer zu sagen, wohin sie gingen, und vor allem nie mehr auf den Turm zu klettern, denn das war wirklich sehr gefährlich gewesen.

Natürlich gab es damals auch noch keinen Kühlschrank. Im gewölbten Keller war es immer etwas kühler als im Rest des Hauses. Deshalb musste Vreni die weiche Butter nach dem Essen in den Vorratsschrank in den Keller bringen. Im Keller aber spannen zahllose Spinnen ihre Netze. Die arme Vreni hatte davor eine panische Angst. Damit sie in dem dunklen Keller überhaupt etwas sehen konnte, nahm sie eine Kerze mit. Das Kerzenlicht warf riesige Schatten an die Wand. Das Kind hatte dadurch auch noch Angst vor ihrem eigenen Schatten. Sie war jedes Mal blitzschnell wieder oben. Manchmal ging Greta hinunter; sie war der Meinung, da gäbe es doch nichts, wovor man

Angst haben müsse. Spinnen seien nützlich, sie würden die Fliegen fressen, die sich in ihren Netzen verfingen.

Aber auch Greta hatte vor etwas Angst, nämlich vor Mäusen. Die fand wiederum Vreni ganz niedlich.

Die Zeit verging.

Eines Tages bekam Greta eine alte Schreibmaschine, damit sie üben konnte für die Schule.

Vreni musste auf die Berufsschule gehen, weil sie Näherin werden wollte.

Timi wollte ein Internat besuchen, denn er hatte immer sehr gute Noten in der Schule.

Am Anfang fertigte Vreni all ihre Arbeiten auf der uralten Tretnähmaschine an. Auch die Nachbarn hatten manchmal Arbeit für sie. Dafür bekam sie dann ein wenig Geld, das sie zusammensparte. Eines Tages war es so weit: Sie ging in ein Geschäft, und nach langem Testen entschied sie sich für eine gute elektrische Nähmaschine. Das gute Stück wurde gratis nach Hause geliefert.

Niemand kann sich vorstellen, wie glücklich Vreni an diesem Tag war. Mit viel Geschick und Geduld nähte sie Kleider, Schürzen, Blusen und Jacken für die ganze Familie. Alle konnten nur noch staunen über Vrenis Geschicklichkeit.

Leider wurde die Mutter damals sehr krank, und Vreni brach ihre Lehre ab. Sie erledigte nun alle Hausarbeiten, machte die Wäsche, kochte, ging einkaufen – es gab immer Arbeit. Die Mutter erholte sich langsam und konnte sogar schon wieder kleine Spaziergänge machen. Vreni fand dann eine Arbeit als Verkäuferin, schließlich war sie gerne unter Menschen.

Im Leben darf man niemals aufgeben, ganz gleich, was geschieht. Irgendjemand hat einmal gesagt: „Glaube an das Unmögliche, und das Unmögliche wird möglich.“

Vreni heiratete später und wurde auch Mutter. Als sie ihren neugeborenen Sohn in den Armen hielt, war das der schönste Tag in ihrem Leben. Voll Liebe sah sie ihr Baby an und dachte: Mein Kind ist das allerschönste auf der ganzen Welt.

Ein Psychologe zum Thema Großmutter oder Oma

Vor einiger Zeit saß ich in einem Straßencafé und betrachtete voll Sinnlichkeit die vorbeiflanierende Menschheit.

Natürlich schaute ich auch auf die Damen, man ist eben Mann. Auffallend war für mich nach einiger Zeit, dass mein Blick weniger den schönen jungen Mädchen galt, sondern vielmehr den Damen ohne Alter. Gewiss waren einige von ihnen schon um die sechzig oder älter, gleichwohl schaute ich ihnen hinterher, denn was ich dort zu sehen bekam, war durchaus sehenswert. Gut und modisch gekleidet, dezent geschminkt, selbstbewusst. Später hatte ich die Gelegenheit, mich mit einer Dame zu unterhalten, die Ende sechzig war, dabei jedoch den Anschein erweckte, gerade einmal die Fünfzig erreicht zu haben. Das, was diese Dame mir zu berichten hatte, erstaunte mich so einigermaßen. Ja, auch sie war Großmutter, eine dreifache sogar, also eine Oma. Sie berichtete voll Stolz von ihren Enkeln, zu denen sie einen fast schon kameradschaftlichen Kontakt pflegte. Immer wieder betrachtete ich diese Dame, doch von einer Oma im klassischen Sinn konnte ich nicht allzu viel entdecken.

Machen wir einen Zeitsprung zurück in die 50er-Jahre. Als kleiner wohlerzogener Junge verfügte ich ebenfalls über zwei Omas, eine mütterlicher- und eine väterlicherseits, wie sich das gehörte.

Die Aufgaben dieser Omas waren klar definiert, Schichtenzugehörigkeit sowie traditionelle Werte und Normen prägten das Verhältnis dieser Spezies zu ihrem verwandtschaftlichen Umfeld.

Das soziale Zusammenleben innerhalb der Familiengruppe war noch geprägt von dauerhaften sozialen Beziehungen, von gemeinsam definierten Werten und Interessen. Es waren grundlegende gruppensoziologische Merkmalsbestimmungen, die das Gemeinsame ausmachten. Die Großeltern, in diesem Fall speziell die Großmutter, spielten bei der Erziehung der Enkel eine noch größere Rolle, als es heute zu erkennen ist.

Wie sahen wir die Omas? Nun, die Kleidung war uniform, alle Omas trugen Schwarz, und das Kopftuch war eine mehr oder weniger modische obligatorische Ergänzung. Die Haare waren in der Regel streng nach hinten gekämmt und endeten in einem kunstvollen Knoten. Die Hände waren in einer Art in sich verbunden, die wohl eine innere Ruhe und

Gelassenheit demonstrieren sollte. Als Schutz vor der täglichen Verschmutzung trug Oma eine Kittelschürze, die aus der Sicht der Enkel unergründlich zu sein schien. Alles, was ein kleines Menschenkind so brauchte, befand sich in den tiefen Taschen dieser Schürze: Taschentücher, fein gebügelt und geblümt, Bonbons der etwas billigeren Geschmacksrichtung und vieles mehr.

Die erzieherische Tätigkeit dieser Omas beschränkte sich auf die Vermittlung von Regeln, die sie selbst im Leben hatten erlernen müssen und von ihren Eltern mit auf den Weg bekommen hatten, sowie von Verboten in verschiedensten Nuancen. Ständig bekamen die Kinder zu hören, was man so alles im Leben nicht dürfe. Die Begründung lautete stets: „Das gehört sich nicht."

Aha! Eine weiterführende Einführung blieb aus. Es war eben so, weil es schon immer so gewesen war. Richtete der eine oder andere sich nicht nach diesen traditionellen Regeln, geriet man sehr schnell in den Verdacht, dass man schon zu Jugendzeiten auf die schiefe Bahn geriet. Noch schlimmer war es mit den armen Enkelinnen. Nein, was die alles nicht durften! Benahmen sich die jungen Damen nicht gesellschaftskonform, war von vornherein klar: Das wird „so eine" – was immer das zum Ausdruck bringen sollte. Es war diese unumstößliche Weltanschauung, die Omas erst zu Omas machte. Sie hatte für alles eine Antwort, auch wenn diese nicht immer gleich verstanden wurde und noch weniger umzusetzen war. Neue Methoden in der Erziehung, neue Gedanken einer sich öffnenden Gesellschaft wurden als Blödsinn abgetan. Die Generalentschuldigung für das Unverständnis dafür, dass sich die Welt veränderte, lautete: „Das hatten wir auch nicht." Damit galt das Thema als erledigt.

Oma zu werden ist ein Ablauf, an dem die Werdenden sich aktiv kaum beteiligen können. Sie werden es einfach. Doch der Übergang von der Mutter zur Oma, die, obwohl sie dann nur noch Oma genannt wird, auch noch Mutter bleibt, scheint schwierig zu sein.

Die Frau erfüllt nun eine Doppelrolle – einerseits ist sie Mutter, andererseits Oma – und vollführt von nun an einen erzieherischen Spagat, dem nur eine Oma ausgesetzt ist.

Da steht als Erstes die Frage im Raum, besser gesagt im Gefühl und im Herzen der Mutter, ob das eigene Kind, das nun erwachsen ist und selbst Mutter wird, diese Rolle auch ausfüllen kann.

Manche Mutter, oder besser gesagt, „Neuoma", erlebt diese Metamorphose mit sehr gemischten Gefühlen. Nun beginnt nach Aussage vieler Frauen und Mütter eine neue Ära im Leben. Wie verhalte ich mich? Welche Verantwortung habe ich, was soll ich sagen, was lieber nicht? Mit wachsamen Augen wird der „Elternwerdeprozess" des eigenen Kindes beobachtet. Vergleiche mit der eigenen Vergangenheit untermauern viele Betrachtungen. Die Wahrheit, nämlich dass die neue Oma im Generationenverbund eine Stelle nach vorne gerückt ist, kommt erst im Laufe der Zeit zum Tragen. Oma zu sein bedeutet auch, älter zu sein, aus dem Mittelpunkt des Geschehens abzurücken und nur noch eine tangentiale Rolle zu spielen.

Doch überraschenderweise prägt sich zunehmend ein neues Bild von der Oma. Die modernen Omas – sind sie noch richtige Großmütter?

Hier zeigen sich nun die ersten Anzeichen einer doch veränderten Welt. Die Oma der frühen Jahre – eine Rolle, die über viele Jahrzehnte bzw. sogar Jahrhunderte unverändert geblieben ist – gibt es nur noch selten, sie hat mittlerweile einen gewissen Altertumswert.

Viele der noch lebenden Großmütter moderner Couleur tun sich schwer mit dem traditionellen Bild der Oma, mit dieser herzensguten, allwissenden und immer milde gestimmten Frau, die für alles und jeden eine Antwort parat hat. Die Adjektive, die heute im Leben einer Oma zu finden sind, beschreiben ein neues Bewusstsein, das dynamisch, aktiv und vital ist. Die Modebarone haben erkannt, welches finanzielle Potenzial in den Taschen der Omas schlummert, und richten ihren Blick verstärkt auf diesen speziellen Kundenkreis. Omas sind gefragt, Omas sind dabei. Keine sahnebeschichteten Kaffeekränzchen mit plappernden und tuschelnden alten Damen, nein, Omas, die im Fitnesscenter ihre Rolle ausüben, auf Laufstegen die neueste Mode
zur Schau stellen oder in sportlichen Cabrios über die Landstraßen sausen. Omas sind heute Gesprächspartner auf Augenhöhe. Omas machen ihre Rolle öffentlich, sie kokettieren damit, weisen mit unübersehbarem Stolz darauf hin, dass sie heute Abend kurz bei der Party ihres Enkels vorbeischauen.
Die Großmütter sind zu einer Bereicherung im Familienleben geworden. Nicht mehr die alles verzeihende, immer zur Verfügung stehende Oma

erleben wir, es ist vielmehr die „Distanz-Oma", die in unseren Familien ihren Stellenwert gefunden hat.

Betrachten wir nicht ohne Interesse den Dienst, welchen die Großmütter an den Generationen leisten. Viele Familien würden ohne den Background „Oma" in Turbulenzen geraten, nicht nur in wirtschaftlicher, sondern auch in innerfamiliärer Hinsicht, denn sie ist da, die Oma, wenn auch nicht zu jedem Preis. Klare Abmachungen, klare Vorgaben, so läuft das Spiel.

Zwischen Fitnessstudio und Friseurtermin ein Besuch bei den Enkeln, ein kalorienarmer Kaffee und ein Salatteller, ebenfalls kalorienarm, so präsentiert sich die Oma im beginnenden 21. Jahrhundert. Doch hat sich im Inneren der Beziehung wirklich so viel verändert?

In der Schweiz gaben bei einer Untersuchung 90 Prozent der befragten Enkel an, dass ihnen die Beziehung zu ihrer Oma sehr wichtig ist. Die Mehrheit der Befragten charakterisierte ihre Oma als liebevoll und großzügig. Ein sehr wichtiger Aspekt des Umfrageergebnisses sagt aus, dass die Großmutter für ihre Enkel da ist, ihnen zuhört, Zeit für sie hat. Das biologische Alter wurde als weniger wichtig empfunden, im Vordergrund der Aussagen standen die psychische und physische Gesundheit der Oma.

Hier liegt, so kann man vermuten, der entscheidende Punkt. Das, womit sich viele Eltern aus unterschiedlichsten Gründen so schwertun, sind die Grundlagen menschlichen Zusammenseins, insbesondere die Grundlagen familiärer Strukturen. Zuhören, für den anderen da sein, ihn auf dem schweren Schritt ins Leben begleiten. Das Verhältnis zwischen Oma und Enkel ist weniger mit Konfliktsituationen belastet als das zu den eigenen Kindern. Schnell werden Omas zu den bevorzugten Personen im Leben eines Enkels. Das liegt sicher nicht an den hier und da überreichten kleinen Geschenken oder den immer noch tiefen Taschen einer Oma. Es liegt im Wesentlichen an der Distanz, die Oma aufgebaut hat. Diese Distanz hat keine negativen Inhalte, sie manifestiert lediglich die Selbstständigkeit moderner Omas. Sie übernehmen heute Pflichten aus einer inneren Überzeugung heraus und nicht, wie es dereinst war, aus einem traditionellen Pflichtgefühl heraus. Sie sind in der Lage, ein Paket aus Lebenserfahrung zu öffnen, aus dem der staunende Enkel (oder die staunende Enkelin) vieles auspacken kann, was er (oder sie) für sein (oder ihr) Leben benötigt. Der mahnende, mit modischen Ringen bestückte Zeigefinger ist zwar immer noch eines der beliebtesten Drohinstrumente, doch verbunden mit zwinkernden, schick geschminkten Augen ergibt sich eine wohlwollende Gebärde, die bei der „Next Generation" ankommt und verstanden wird.

Gleichwohl steht das Interesse an der folgenden Generation immer noch im Mittelpunkt des Großmutterdaseins, und das ist ein immens wichtiger Beitrag im Systemfeld Familie.

Dott. Uli Borsch, Kinderpsychologe, Perugia (Italien)

Zur Autorin:

Graber-Schiltz, Raymonde,

wurde 1944 im schönen Großherzogtum Luxemburg geboren, wo sie ihre Jugendzeit verbrachte. Der Liebe wegen reiste sie in die Schweiz. Sie hat einen Sohn und fünf Enkelkinder. Nach so manchen Schicksalsschlägen wohnt sie nun mit ihrem Lebenspartner in der Nähe vom herrlichen Bodensee.

Mehr Infos: www.facebook.com/raymy.graberschiltz

Neben diesem Buch hat sie auch Romane für Erwachsene geschrieben:

Anne und das Haus am See – Liebesgeschichte

Edition Paashaas Verlag, ISBN: 978-3-942614-69-6

John – Spannungsroman

Edition Paashaas Verlag, ISBN: 978-3-945725-05-4